NOTE

SUR LA STIPULATION DU RETOUR CONVENTIONNEL

PAR L'ASCENDANT DONATEUR

ET LA

RENONCIATION AU RETOUR LÉGAL

PAR

A. CROUZEL

Docteur en Droit,
Bibliothécaire de l'Université de Toulouse

(Extrait du *Recueil de l'Académie de Législation*, 1902-1903)

TOULOUSE

IMPRIMERIE LAGARDE & SEBILLE

2, RUE ROMIGUIÈRES, 2

1903

RENONCIATION AU RETOUR LÉGAL

NOTE

SUR LA STIPULATION DU RETOUR CONVENTIONNEL

PAR L'ASCENDANT DONATEUR

ET LA

RENONCIATION AU RETOUR LÉGAL

PAR

A. CROUZEL

Docteur en Droit,
Bibliothécaire de l'Université de Toulouse

(Extrait du *Recueil de l'Académie de Législation*, 1902-1903)

TOULOUSE

IMPRIMERIE LAGARDE & SEBILLE

2, RUE ROMIGUIÈRES, 2

1903

NOTE

SUR

La Stipulation de retour conventionnel par l'ascendant donateur et la Renonciation au retour légal,

Par M. Crouzel, docteur en droit, bibliothécaire de l'Université (1)

———————

L'espèce suivante vient d'être soumise aux tribunaux.

Deux ascendants, le père et la mère, en dotant leur fille, avaient stipulé le retour conventionnel pour le cas de prédécès de la future sans postérité et même pour le cas de prédécès, sans enfants, des descendants de la future ; mais sous la réserve que ce droit de retour n'empêcherait pas le futur, si sa femme venait à mourir avant lui, de jouir de l'usufruit qui est conféré par la loi (art. 767), au conjoint survivant, sur la moitié des biens laissés par l'époux prédécédé. La fille dotée mourut sans postérité. Son conjoint prétendit exercer son droit d'usufruit même sur les biens donnés, suivant la convention. Les ascendants répondirent : d'une part, les biens donnés se retrouvent

(1) Lue dans la séance du 10 décembre 1902.

en nature dans la succession, donc les conditions requises pour l'exercice du retour légal (art. 747) sont réalisées; d'autre part, la loi déclare formellement que l'usufruit du conjoint survivant ne peut préjudicier au retour légal (art. 767). Nous demandons par conséquent à reprendre les biens donnés en vertu de la vocation héréditaire qui nous est conférée par l'article 747. Nous avions, il est vrai, stipulé le retour conventionnel, et en le stipulant nous avions consenti à ce que le droit éventuel d'usufruit du futur s'exerçât par préférence à notre droit de retour sur les biens donnés. Mais nous faisons l'abandon entier du retour conventionnel. Nous voulons, et c'est notre droit, nous en tenir au retour légal.

L'équité paraît bien militer en faveur de la prétention du conjoint survivant, contre celle des donateurs. La clause, portant que le retour stipulé par les ascendants ne ferait pas obstacle à l'exercice de l'usufruit du futur, était une des conditions du contrat de mariage. Elle avait été formellement acceptée par les parties. Les donateurs violaient donc une promesse librement faite en s'opposant à l'exécution de la convention.

Mais le droit positif commande-t-il ou autorise-t-il la même solution ? Sur ce point les décisions judiciaires et les auteurs se sont partagés. Les uns : le tribunal de la Seine et la Cour de Paris, saisis les premiers, la Cour d'Amiens sur renvoi, après cassation MM. Lyon-Caen, Louis Sarrut et Magnol (1) se sont

_____

(1) Tribunal civil de la Seine, 7 janvier et Cour de Paris, 21 juin 1899, (Dalloz, 1901, 1, 538; Sir. 1901, 1, 434). Cour d'Amiens, 6 mars 1902 (Dalloz 1902, 2 112. Lyon-Caen, sous Paris,

prononcés en faveur de l'affirmative et ont approuvé la prétention du conjoint survivant. Les autres : la Chambre civile de la Cour de cassation et notre distingué confrère, M. Zéglicki (1), ont pensé qu'il n'était pas possible de concilier dans ce cas les principes de l'équité, avec les règles du droit positif, et se sont prononcés en faveur des ascendants donateurs.

Le différend, encore pendant devant les tribunaux, nous a paru de nature à faire l'objet d'une discussion intéressante. C'est dans cette pensée que nous demandons à l'Académie la permission de l'en entretenir quelques instants. Nous soumettrons d'abord à son examen les idées que nous a suggérées l'étude de la question ; nous lui ferons connaître ensuite celles qu'elle a suggérées à d'autres.

I

Un certain doute plane sur les vues que pouvaient avoir les parties relativement au retour légal, au moment de la rédaction de l'acte. En insérant dans le contrat certaines réserves au point de vue d'un droit de retour, les ascendants se proposaient-ils de stipuler un retour conventionnel, sans renoncer au retour

---

21 juin 1899, Sir. 1901, 1, 434). Louis Sarrut, sous le même arrêt (Dalloz, 1901, 1, 538). Magnol, *Du droit d usufruit du conjoint survivant par rapport aux biens soumis à un droit de retour*, p. 33, et *Observations sur l'arrêt de la Cour d'Amiens du 6 mars 1902*, p. 52.

(1) Civ. cass., locc. citt. ; Zéglicki, *Le droit de retour légal peut-il avant son ouverture être modifié par la convention des parties?* Rev. crit. de lég., 1902, p. 325.

légal ; ou bien de renoncer au retour légal et de se contenter du retour conventionnel ; ou bien enfin de modifier le retour légal sans stipuler un véritable retour conventionnel ? C'est là une question de fait qui n'a pas été tranchée par les tribunaux et qu'avant tout, il importait, croyons-nous, de résoudre. Demandons-nous comment devrait être vidé le différend dans chacune des trois hypothèses.

PREMIÈRE HYPOTHÈSE. — Les ascendants donateurs, sans vouloir renoncer au retour légal, se sont proposé de stipuler à leur profit un droit conventionnel de retour. Ils ont entendu se réserver la faculté d'opter, dans certaines conditions déterminées, et suivant leur intérêt, entre la vocation héréditaire que la loi leur confère en qualité d'ascendants et le droit qui compète à tout donateur, même étranger, ayant stipulé le retour conventionnel. Une convention de cette nature ne nous paraît présenter rien de contraire aux lois ou à l'ordre public. Elle devra donc être respectée, et elle donnera naissance, si les conditions voulues se réalisent, au droit d'option que les ascendants ont eu en vue. La personnalité de ces derniers se dédoublera pour ainsi dire : Comme ascendants ils pourront se prévaloir, s'il y a lieu, de leur qualité d'héritiers irréguliers ; comme donateurs, ils pourront exercer tous les droits que la stipulation de retour conventionnel aurait permis, en pareil cas, à un donateur étranger d'invoquer.

DEUXIÈME HYPOTHÈSE. — L'intention des ascendants donateurs a été de renoncer au retour successoral et de mettre à la place un retour conventionnel. Il convient alors de se demander si la renonciation au retour légal est nulle, ou si elle est valable. Dans le second cas, les ascendants donateurs ne pourront invoquer que le retour conventionnel. Dans le premier, la renonciation devra être généralement considérée comme non avenue. Ou bien, en effet, elle constituera une condition de la donation, et cette condition, étant illicite, sera tenue pour non écrite en vertu de l'article 900 ; ou bien elle constituera une disposition indépendante, et alors sa nullité n'entraînera en aucune façon la validité de l'ensemble. Ce sera sans doute le cas de dire : « *utile per inutile non vitiatur.* » Et, par conséquent, les ascendants donateurs auront, comme dans la première hypothèse, le choix entre les deux sortes de retours qui leur appartiennent : le retour légal, auquel ils n'ont pu renoncer valablement, et le retour conventionnel, qu'ils ont expressément stipulé.

La renonciation au retour légal est-elle donc valable ou est-elle nulle, quand elle forme une clause ou une condition de la donation elle-même ?

La validité nous paraît certaine. Elle est cependant, disons-le tout de suite, généralement contestée. Un des premiers, Chabot de l'Allier a posé et essayé de justifier le prétendu principe de la nullité d'une pareille convention.

« L'ascendant donateur, dit-il, peut-il renoncer au droit de réversion légale, soit dans l'acte de donation, soit dans un acte postérieur, fait pendant la vie du donataire ? Non, il ne le peut pas valablement puisque le droit de réversion légale est un droit de succession ; puisque ce n'est qu'en qualité d'héritier du donataire et dans la succession du donataire, que l'ascendant a le droit de reprendre les choses qu'il avait données ; puisque aux termes de l'article 1130 du Code civil, on ne peut renoncer à une sucession non ouverte, ni faire une stipulation sur une pareille sucession, même avec le consentement de celui, de la succession duquel il s'agit » (1).

Chabot, dont la doctrine est adoptée sous ce rapport par la Chambre civile et par M. Zéglicki, met, on le voit, sur la même ligne et condamne, au nom du même principe de la nullité des pactes sur succession future, la renonciation au retour légal qui est concomitante à la donation et la renonciation qui lui est postérieure. Nous pensons, au contraire, que les deux cas doivent être distingués avec soin et qu'ils comportent des solutions différentes.

Sans doute, si un ascendant après avoir fait une donation pure et simple, venait à se raviser et, avant l'ouverture de la succession· du donataire, renonçait à la vocation héréditaire résultant en sa faveur de l'article 747, sa volonté serait inefficace, sa renonciation serait nulle comme portant sur une succession non ouverte. Le droit éventuel de succéder à une personne, une fois né, échappe, en vertu des articles 791 et 1130, à toute convention, à toute renonciation postérieure.

Mais est-il permis de raisonner de la même manière quand la renonciation accompagne la donation, en forme une condition et figure dans le même acte ?

(1) *Commentaire sur la loi des successions.* Cité par Louis Sarrut. *Loc. cit.*

Pour qu'il y ait renonciation à succession future, il est nécessaire qu'une vocation héréditaire existe, qu'il y ait un appelé, un successible éventuel en cause. Cette condition est-elle réalisée quand la renonciation intervient dans l'acte même de donation ? Il faudrait, pour cela, que la volonté des parties fût impuissante à empêcher la vocation héréditaire de se produire ; il faudrait que celle-ci fût une conséquence inévitable et forcée de la donation consentie par les ascendants, qu'elle s'attachât à la qualité d'ascendant donateur, comme la tunique de Nessus aux épaules d'Hercule.

En est-il réellement ainsi ? Oui, si la naissance du droit éventuel de retour légal au profit des ascendants est d'ordre public et si, par conséquent, la disposition de l'article 747 est impérative. Non, si la naissance de ce droit est d'ordre privé et si cette disposition est simplement interprétative de volonté.

Or, nous ne voyons guère comment on pourrait soutenir que la naissance de la vocation héréditaire de l'ascendant donateur est d'ordre public. Parmi les arguments présentés devant la Cour de cassation en faveur de la prétention des ascendants, il s'en trouve un cependant qui suppose peut-être cette opinion : « Si le retour conventionnel pouvait ainsi se substituer au retour légal, la règle qui interdit les pactes sur successions futures, et, par suite, la renonciation au droit de retour légal, deviendrait bien facilement lettre morte. S'il suffisait, en effet, de transformer le droit de retour légal en un droit de retour conventionnel pour échapper aux dispositions des articles 791 et 1130 du Code civil, la pratique trouverait, dans cette combinaison un moyen commode pour effacer du Code l'article 747. On ferait stipuler par l'ascendant donateur un droit de retour conventionnel dont on pourrait réduire à sa guise les effets, par des conditions habilement choisies (1). »

Disons d'abord que ces craintes nous paraissent chimériques. L'article 747 ne serait pas effacé du Code par la pratique. Les donateurs étrangers stipulent fréquemment le retour conventionnel, lequel produit des effets voisins de ceux du retour légal. Est-il réellement à craindre que les ascendants donateurs ne renoncent souvent à une vocation héréditaire que le législateur fait naître d'office à leur profit ?

Mais admettons que ces prévisions se réalisent. Admettons que la renonciation au retour légal s'étende et même se généralise. Nous nous demandons vainement quel mal pourrait résulter de ce nouvel usage au point de vue [de l'ordre public et des bonnes mœurs. Dira-t-on qu'il compromettait du moins des intérêts privés ? Le contraire nous semblerait plutôt exact. Ces intérêts seraient plutôt sauvegardés que compromis par une pratique qui reconnaîtrait la souveraineté de

(1) M. Louis Sarrut (sous civ. cass., 24 juillet 1901; Dalloz, 1901. 1, 538) déclare aussi que la disposition de l'article 747 du Code civil ne procède pas de considérations touchant à l'ordre public: elle crée le retour légal dans l'intérêt exclusif de l'ascendant donateur. Ne faudrait-il pas en conclure que l'ascendant peut renoncer à ce droit? M. Louis Sarrut se borne à dire : « Les motifs qui justifient la prohibition des pactes sur succession future ne s'appliquent pas au retour légal..... Si donc, les biens objet du retour légal constituant en droit strict une succession, toute convention antérieure à l ouverture de cette succession est nulle par application des articles 791 et 1130 du Code civil, du moins ne faut-il appliquer au retour légal qu'avec une extrême réserve, à titre tout à fait exceptionnel, la règle prohibitive des pactes sur succession future. »

là volonté des parties dans la matière. Si des ascendants renoncent purement et simplement au retour légal, en substituant à ce droit un droit de retour conventionnel, il y a toutes les raisons de penser qu'ils ont de puissants motifs pour le faire.

Non, la vocation héréditaire de l'article 747 n'est pas d'ordre public. Jugeant que l'ascendant préfère son descendant à lui-même, mais se préfère lui-même à tous autres ; présumant que si le donateur avait prévu le prédécès du donataire sans postérité, il aurait mis à sa donation la condition qu'il pourrait reprendre les biens donnés, la loi lui attribue le droit de retour, pourvu que les biens se retrouvent en nature ou par équivalent dans la succession. Telle nous paraît être la raison d'être de la disposition de l'article 747. Celle-ci est donc simplement interprétative de volonté. Or, une disposition interprétative de volonté peut, en général, être modifiée par cette volonté même. Le donateur a rejeté formellement et clairement l'interprétation de la loi ; il a fixé les conséquences de son acte, avec toute la précision désirable ; serait-il raisonnable de substituer à sa volonté certaine la décision interprétative de la loi ?

Nous prévoyons une objection. Admettez, dira-t-on, que l'article 747 ne soit pas d'ordre public : les parties devront aussi bien pouvoir y renoncer après la donation que dans la donation même. Nous répondons : L'article 747 n'est pas d'ordre public ; mais il en est autrement des dispositions qui prohibent les pactes sur succession future. Or, la donation une fois faite et faite sans réserve, la vocation héréditaire de l'ascendant donateur a pris naissance. Dès lors, toute renonçiation à cette vocation est une renonciation à succession non ouverte. Il n'est pas, croyons-nous, possible, sans tomber dans l'arbitraire et sans distinguer là où la loi ne distingue pas, d'échapper à cette conclusion.

Il reste une considération à faire valoir en faveur de la thèse qui autorise l'ascendant donateur à renoncer, dans l'acte même de donation, à la vocation héréditaire éventuelle de l'article 747. Cette vocation constitue un droit successoral exceptionnel ; elle est classée par les auteurs parmi les successions anomales. Il semble donc que le retour au droit commun, c'est-à-dire au dépouillement complet, sans aucun espoir de réversion, doive être plutôt considéré avec faveur. L'étranger qui donne n'a pas droit au retour légal. Si l'ascendant désire se placer dans la même situation qu'un étranger, tant mieux ! La dévolution de la succession du donataire s'effectuera d'une façon normale.

Il est sans doute inutile d'ajouter que la renonciation au retour légal dans l'acte même de donation sera aussi bien valable si elle est pure et simple que si elle est accompagnée d'une stipulation de retour conventionnel. Les raisons sont absolument les mêmes dans les deux cas.

Nous venons d'employer l'expression renonciation au retour légal à propos de cette troisième hypothèse. Nous reconnaissons volontiers qu'elle est impropre. On ne peut renoncer qu'à un droit qui existe au moins éventuellement. En toute rigueur donc, on ne peut pas dire que les ascendants donateurs renoncent au retour légal, quand ils stipulent que ce droit ne prendra pas naissance. Mais l'expression est commode et voilà pourquoi nous l'avons employée.

Troisième hypothèse. — On peut, à la rigueur, imaginer une troisième hypothèse, c'est que les parties aient voulu maintenir le droit de retour légal tout en le modifiant. Que faut-il penser d'une convention de ce genre ?

Avant de répondre à cette question, nous devons préciser le sens de ces termes « modifier le retour légal ». Celui qui ne considèrerait que la surface des choses serait peut-être amené à voir dans toute stipulation de retour conventionnel émanant d'ascendants, une modification du retour légal. En effet, les deux sortes de retours s'exercent sur les mêmes biens, les biens donnés. Ils font l'un et l'autre, dans certaines conditions déterminées, rentrer ces biens dans le patrimoine du donateur, ils en reglent la dévolution et en fixent le sort. C'est la ressemblance qui frappe au premier abord. Ils ne les font pas rentrer, à la vérité, dans des condition identiques, ni au même titre. Mais ce ne sont là que des différences accessoires. Et par conséquent, lorsque la volonté des parties donne naissance à un droit de retour conventionnel qui s'ouvrira, dans certaines conditions spécifiées, cette volonté modifie, semble-t-il, le retour légal.

Un jurisconsulte allant au fond des choses et raisonnant avec rigueur, en jugera autrement. Dans le droit de retour conventionnel, il verra un droit nouveau créé à côté ou à la place du retour légal, mais ayant sa nature propre et différant essentiellement de celui-ci. Il n'y verra pas une modification du retour légal laissant subsister ce droit, avec son caractère de droit héréditaire, mais la stipulation d'une condition résolutoire, dont la réalisation produira, autant que la convention le permettra, des effets analogues à ceux de

la réalisation de toute autre condition résolutoire insérée dans un contrat quelconque.

Et de cette différence de nature qui sépare le retour
conventionnel du retour légal découlent d'importantes
différences pratiques.

A l'ouverture de la succession du donataire, l'ascendant donateur, titulaire du retour conventionnel, aura
la faculté de renoncer à son droit sans observer aucunes formes particulières. S'il était héritier aux termes
de l'article 747, il ne pourrait, au contraire, valablement renoncer, au regard des tiers, qu'au greffe du
tribunal. Dans le premier cas, le fisc ne peut exiger de
lui aucunes redevances ; il aurait des droits de succession à payer dans le second. Dans le premier, l'ascendant donateur aurait la faculté de renoncer au retour
avant l'ouverture de la succession, il ne l'aurait pas
dans le second (1).

A. *Arguments en faveur de la validité.* — Cela
posé, en faveur de la validité de la convention tendant
à modifier le retour légal, on sera tenté de dire : Les
parties peuvent empêcher la vocation héréditaire de
naître ; à plus forte raison doivent-elles être admises à
modifier les conditions d'existence de cette vocation.
Etant donné que l'article 747 n'édicte pas une disposition d'ordre public, mais une règle interprétative

(1) Il ne semble donc pas que les parties aient de sérieuses raisons de vouloir maintenir le droit de retour légal proprement dit,
plutôt que de stipuler un droit de retour conventionnel. Et on ne
devra pas facilement leur attribuer cette intention dans la pratique.
On le devra d'autant moins qu'il est tout naturel de considérer
comme conventionnel et non comme légal un droit de retour qui a
été expressément stipulé.

de volonté, la volonté demeure souveraine pour rejeter l'interprétation de la loi et s'interpréter elle-même.

B) ARGUMENTS EN FAVEUR DE LA NULLITÉ. — Dans le sens contraire, on pourrait raisonner de la manière suivante :

En dehors de l'institution contractuelle, toute vocation héréditaire naît de la loi, et elle naît forcément telle que la loi l'établit. Les conventions ne peuvent pas plus la modifier que lui donner l'existence. L'article 1130 s'y oppose. Or, nous ne sommes pas ici en présence d'une institution contractuelle, car le propre de celle-ci est de conférer la qualité d'héritier à un donataire, et, dans notre hypothèse, c'est le donateur qui devient héritier éventuel. Les parties auraient pu empêcher la vocation héréditaire de l'ascendant donateur de prendre naissance. Puisqu'elles ne l'ont pas fait, c'est la loi qui en détermine souverainement les conditions et les effets. Aucun accord ne peut y apporter une modification quelconque.

L'argumentation présentée dans le premier sens ne manque pas de force au point de vue du droit rationnel. Si on peut renoncer à tous les avantages que comporte une vocation héréditaire, à plus forte raison doit-on pouvoir renoncer à quelques-uns de ces avantages ; si l'ascendant est autorisé à rejeter cette vocation tout entière, comment ne pourrait-il pas en rejeter certaines conditions ? Malheureusement nous nous trouvons en présence d'un texte formel en sens opposé. C'est celui de l'article 1130 qui interdit tout pacte tendant à modifier une vocation héréditaire. Ces considérations perdent donc toute valeur au point de vue du droit positif.

On ne raisonnerait pas avec plus de force, sous l'empire du Code, si on disait : L'article 747 est, d'après vous, interprétatif de volonté et vous en concluez que le donateur est autorisé à substituer sa volonté à l'interprétation de la loi et à stipuler que le droit ne prendra pas naissance ; pourquoi n'en concluez-vous pas également que le donateur peut modifier les effets de l'article 747, créer par conséquent un droit de retour légal particulier, différant, sous certains rapports, du retour successoral ordinaire? Les adversaires pourraient répondre : c'est parce que nous sommes arrêtés par un texte. Quoique l'article 747 soit interprétatif de volonté, le principe de la liberté des conventions n'autorise pas les parties à y apporter telles dérogations qu'elles pourraient juger convenables, mais seulement celles qui ne sont pas condamnées par un texte. Nulle disposition légale n'interdit aux parties de stipuler qu'aucune vocation héréditaire ne naîtra de la donation consentie par les ascendants ; donc, cette stipulation est valable. Mais l'article 1130 interdit de modifier une vocation héréditaire née de la loi (Et il ne serait de même d'une vocation héréditaire contractuelle ayant déjà pris naissance) ; il est par suite impossible de valider une convention tendant à opérer cette modification.

C) Conclusion. — Après mûres réflexions, nous inclinerions plutôt dans le sens de la validité de la clause tendant à modifier le retour légal. Il est exact qu'une vocation héréditaire, née de la loi, ne saurait être changée par convention, fût-ce au moment de sa naissance. Mais la vocation hérédi-

taire de l'ascendant donateur se présente avec des
caractères particuliers. C'est bien, à certains égards,
la loi qui la produit : elle n'existerait pas si l'article 747 n'avait pas été introduit dans le Code. Mais,
dans cette disposition, la loi est interprétative de
volonté, elle n'est pas impérative. Il est donc encore
plus exact de dire que c'est l'intention réelle ou présumée du donateur qui engendre la vocation héréditaire de ce dernier. Dans l'institution contractuelle, le
titre de l'institué prend sa source dans une convention
et dans la volonté déclarée de l'instituant. Dans la
donation qui émane d'un ascendant, la qualité d'héritier éventuel appartenant à celui-ci naît de même
d'une convention et de la volonté présumée du donateur. Les deux cas sont bien près de se ressembler, et
on ne voit guère de raison de leur appliquer des règles
différentes. Si donc l'instituant contractuel peut déter-
miner les conditions et les effets de la vocation
héréditaire de l'institué, au moment de la naissance
de ce droit, pourquoi l'ascendant donateur ne pourrait-il pas régler ceux de sa propre vocation héréditaire, dans l'acte même de donation qui la produit ?

Nous avons recherché la solution qu'il conviendrait
de donner à l'intéressant litige dont il s'agit, en
admettant successivement trois interprétations, les
seules possibles, de la volonté des parties. Mais il
semble bien que, de ces trois interprétations, étant
données les circonstances de la cause, la seconde soit
de beaucoup la plus vraisemblable. Les ascendants
avaient entendu renoncer au retour légal et stipuler à
la place un retour conventionnel. Ce qui tend à le

prouver, c'est que, dans les études comme dans les débats judiciaires auxquels l'affaire a donné lieu, la question suivante a été surtout discutée : « La renonciation au retour légal est-elle valable? »

II

Voyons maintenant quelques-unes des idées qui ont été émises, à propos de notre question, devant la justice et dans les écrits des jurisconsultes.

1° Nous avons admis la validité de la renonciation au retour légal, quand cette renonciation se produit dans l'acte même de donation. Cette validité a été aussi affirmée par d'autres, du moins dans ce cas particulier. Nous songeons d'autant moins à invoquer sous ce rapport un droit de priorité, que nous nous priverions, en le faisant, d'un précieux avantage : celui de pouvoir invoquer en faveur de notre opinion l'autorité de MM. Lyon-Caen et Louis Sarrut, et des Cours d'appel de Paris et d'Amiens (1). M. Lyon-Caen, en particulier, s'exprime à ce sujet de la manière suivante :

« Les motifs donnés d'ordinaire pour justifier la prohibition des pactes sur succession future et des renonciations à des successions non ouvertes, n'ont vraiment aucune application ici... On pourrait donc aller jusqu'à dire que, même en considérant, avec la

(1) Cfr. J. Delpech, *Essai historique et juridique sur le droit de succession* ab intestat *du conjoint survivant.* Toulouse, thèse, 1896-97, p. 223 texte et notes. — Planiol, *Traité élémentaire de droit civil,* 2ᵉ éd., T. 3, n° 1904 *bis.*

Chambre civile, qu'il y avait, dans l'espèce, renonciation à un droit sur une succession non ouverte, les
dispositions qui prohibent les renonciations de cette
sorte, étaient inapplicables. Sans doute on ne doit pas
restreindre une loi conçue en termes généraux : *Ubi
lex non distinguit, nec nos distinguere debemus.* Mais
quand l'application d'une loi dépasserait son but ou
n'aurait aucun rapport avec les motifs qui la justifient,
on doit l'écarter. *Cessante ratione legis, cessat lex.* »
(*Loc. cit.*)

Mais il y a une différence entre cet argument et
celui que nous avons présenté. Les autorités citées
rejettent l'application de la règle prohibitive des
pactes sur succession future, parce que les motifs de
cette règle (*votum mortis*, impossibilité d'évaluer des
droits héréditaires éventuels, etc.) n'existent pas.
Nous la rejetons parce que, dans ce cas, il n'y a pas de
vocation héréditaire, et par conséquent pas de pacte
sur succession future. On dit : « Il n'y a pas pacte
prohibé sur succession future. » Nous disons : « Il n'y
a pas l'ombre d'un pacte de ce genre, »

Nous invoquons ici l'autorité de M. Lyon-Caen, et
nous pouvons invoquer celle de M. Louis Sarrut (1).
Nous ne voudrions pas qu'on pût nous accuser, de ce
chef, de mauvaise foi, Nous reproduirons donc d'autres passages de ces auteurs qui paraissent en contra-
diction avec cette manière de voir. Au commencement
de sa substantielle note, M. Lyon-Caen écrit : « On
est, par suite, d'accord pour reconnaître que l'ascendant donateur ne peut, en vertu des articles 791

---

(1) Voy. *Supra*, p. 10, note 1.

et 1130 du Code civil, renoncer en tout ou en partie à ce droit (retour légal), tant que la succession du donataire n'est pas ouverte par le prédécès de celui-ci. » Et M. Louis Sarrut, de son côté, nous dit : « Les biens recueillis par l'ascendant donateur en vertu de l'article 747, du Code civil, forment une succession anomale ; il suit de là, notamment, que le droit de retour successoral ne peut être l'objet, avant l'ouverture de la succession, de stipulations qui constitueraient un pacte sur succession future, ni d'une renonciation partielle ou totale, sous quelque forme d'ailleurs qu'interviennent ces stipulations ou cette renonciation. »

Nous aurions aimé à trouver dans les notes de M. Lyon-Caen et de M. Louis Sarrut quelques explications tendant à montrer comment ces propositions se concilient avec celles que nous avons invoquées en faveur de notre conclusion. A défaut de ces explications, nous sommes réduit à penser qu'aux yeux de ces auteurs, les renonciations au retour légal sont nulles en principe, mais qu'elles sont exceptionnellement valables, quand, comme dans le cas qui nous occupe, les motifs de la prohibition des pactes sur succession future ne s'appliquent pas. MM. Lyon-Caen et Louis Sarrut invoquent ici le brocard *cessante ratione legis, cessat lex*. Il nous paraîtrait plus sûr si, dans la stipulation en question, nous pouvions voir un pacte sur succession future, de raisonner comme la Cour de cassation et comme M. Zéglicki, et de dire : « *Ubi lex non distinguit, nec nos distinguere debemus.* »

2° Mais, sous la plume de **M. Lyon-Caen**, l'argument

consistant à dire qu'il n'y a pas pacte prohibé sur succession future, parce que les motifs de la prohibition
ne s'appliquent pas, n'est que subsidiaire. Pour l'émi-
nent professeur et pour la Cour d'Amiens, l'argument
décisif à invoquer en faveur de l'époux survivant se
trouve dans un tout autre ordre d'idées.

« Considérant, dit la Cour d'Amiens, qui adopte
l'argumentation de M. Lyon-Caen, que la clause litigieuse, dans la pensée des parties contractantes, ne
constituait pas une simple renonciation partielle au
droit de retour, mais une libéralité éventuelle au profit
du futur époux; — qu'elle doit être entendue et interprétée dans ce sens « que le futur époux aura l'usu-
« fruit de la moitié des biens donnés, si la future pré-
« décède sans avoir disposé desdits biens »; — qu'une
pareille stipulation serait certainement valable si elle
était faite au profit d'un tiers quelconque (art. 1121,
C. civ.); qu'*a fortiori* elle doit l'être quand elle est
faite au profit de l'un des conjoints; — qu'elle ne confère à l'époux gratifié qu'une libéralité éventuelle soumise à cette double condition : 1° que l'époux donataire en pleine propriété prédécède; 2° qu'il n'ait point
disposé de ses biens. »

D'après M. Lyon-Caen et d'après la Cour d'Amiens,
la convention des parties devrait donc être interprétée
de la manière suivante : Les ascendants auraient voulu
donner immédiatement, mais conditionnellement, au
futur époux, l'usufruit de la moitié des biens consti-
tués en dot à leur fille. Ils auraient fait en sa faveur ce
que les jurisconsultes appellent un fidéicommis de
residuo ou un fidéicommis de *eo quod supererit*, fidéicommis laissant à la future entière liberté de disposer

de ces biens. M. Magnol a combattu cette interprétation avec beaucoup de force. Entre une convention
semblable et celle que les parties paraissent bien avoir
eu l'intention de conclure, les différences sont gran-
des. Elles dérivent toutes de cette idée que, s'il y a eu
donation immédiate d'usufruit, le futur conjoint a été
investi de son droit par les donateurs eux-mêmes ; tan-
dis que, s'il y a eu simplement stipulation d'un droit
de retour conventionnel ne devant pas faire obstacle à
l'exercice de cet usufruit, ce droit a été transmis au
conjoint survivant par l'époux prédécédé, à titre de
droit héréditaire, en vertu de l'article 767.

Dans le premier cas :

Le futur conjoint aurait eu immédiatement à payer
un droit fixe et, au décès de sa femme, le droit de mu-
tation entre-vifs exigible d'un étranger ;

Il aurait pu céder son droit ou y renoncer, même
avant le décès de sa femme ;

Après le décès de sa femme, il aurait pu renoncer
sans observer aucunes formes particulières ;

Enfin, il aurait pu revendiquer son droit, alors
même qu'il aurait été divorcé ou qu'une séparation de
corps aurait été prononcée contre lui.

Dans le second cas :

Le futur conjoint n'a pu être soumis qu'à un droit
proportionnel, à savoir, le droit de succession entre
époux, et ce droit n'a été exigible qu'au décès du pré-
mourant ;

Il n'a eu, pendant la vie de sa femme, qu'une vocation héréditaire éventuelle, ne comportant aucune
espèce de pacte ou de renonciation ;

S'il avait voulu renoncer à son usufruit après le décès de sa femme, il n'aurait pu le faire valablement, au regard des tiers, qu'au greffe du tribunal;

Enfin, le divorce ou la séparation de corps prononcée contre lui auraient anéanti dans sa personne toute vocation héréditaire.

N'était-ce pas, selon toutes les vraisemblances, le second parti, plutôt que le premier, qui était dans les vues des contractants? Ils s'en étaient, d'ailleurs, expliqués formellement quand, visant l'usufruit du conjoint survivant, ils avaient dit : Le droit de retour des ascendants ne fera pas obstacle à l'effet de tous autres avantages qui pourront résulter de *la loi* au profit desdits époux. Il était difficile de dire plus clairement que l'usufruit du conjoint survivant ne serait autre chose qu'un droit de succession.

3° M. Magnol juge, comme nous, que la loi est ici d'accord avec l'équité. Mais il n'invoque pas le même argument. Il croit qu'on peut contraindre les ascendants donateurs à respecter la clause litigieuse, à raison de la garantie du fait personnel qui leur incombe en vertu de la donation, avec stipulation d'un retour conventionnel restreint. Il s'exprime de la manière suivante :

« Aussi devons-nous chercher, par une analyse différente de la situation des parties, si, malgré tout, on ne peut pas obliger les donateurs à respecter cette clause.

« Nous croyons qu'il en doit être ainsi à raison de la garantie du fait personnel qui leur incombe, en vertu de la donation avec stipulation d'un droit de retour conventionnel restreint.

« Tout donateur, ceci est reconnu de tous, quoique

n'étant pas tenu à la garantie d'éviction, est obligé à la garantie de son fait personnel ; il se rendrait coupable d'un dol si, après s'être irrévocablement dépouillé, il prétendait, pour une raison quelconque, priver le donataire du bénéfice de la donation. Ainsi, ayant donné l'immeuble d'autrui, s'il devient l'héritier pur et simple du véritable propriétaire, il ne peut pas revendiquer cet immeuble entre les mains du donataire.

« Et cette garantie profite, ceci est important à remarquer, aussi bien aux ayants-cause du donataire qui ont acquis légitimement des droits sur l'objet donné qu'à ce dernier,

« Faisons application de cette règle à la donation accompagnée d'une stipulation d'un retour conventionnel mitigé par une clause permettant à certains ayants-cause du donataire de ne pas souffrir de la résolution de la donation survenue à la suite du prédécès de ce dernier. Le donateur qui prétendrait méconnaître ces droits, fut-ce en vertu d'un droit propre acquis plus tard par lui, se verrait opposer par eux, avec succès, la maxime : qui doit garantie ne peut évincer.

« Il en est ainsi précisément si l'on examine les rapports du conjoint survivant et des donateurs dans l'espèce actuelle. Ceux-ci se sont engagés, par une clause du retour conventionnel qu'ils stipulaient, à respecter certains droits acquis à des tiers du chef du donataire sur les biens donnés, notamment le droit d'usufruit du conjoint survivant, eût-il sa source dans la loi, à titre de succession. Il leur est impossible, dès lors, de méconnaître ce droit, alors même qu'ils invoqueraient un autre droit rival acquis depuis par eux, notamment le retour successoral. »

A cet argument nous serions tenté de répondre :

La donation pure et simple, faite par les ascendants, donne de plein droit naissance, si les conditions voulues se réalisent, au retour légal. Celui qui invoque le retour légal ne peut donc pas être repoussé par l'exception de garantie du fait personnel. Or, l'ascendant donateur, dans le cas qui nous occupe, laisse complètement de côté la stipulation de retour conventionnel ; il s'en tient au retour légal ; il se place dans la situation d'un ascendant qui aurait fait une donation pure et simple. Où trouve-t-on, dès lors, le principe de l'obligation de garantie ? Si ce n'est pas dans le retour légal, c'est donc dans la stipulation de retour conventionnel ? Mais alors, comment expliquer que la stipulation de retour conventionnel, opposable à l'ascendant donateur, en tant qu'elle l'oblige à la garantie du fait personnel, ne lui soit pas opposable en tant qu'elle implique de sa part renonciation au retour légal ? Est-il vraisemblable que le législateur ait entendu autoriser l'ascendant donateur à renoncer indirectement au retour légal, en contractant une obligation de garantie sous la forme d'une stipulation de retour conventionnel, et qu'il n'ait pas voulu l'autoriser à y renoncer directement par la même stipulation ?

Mais nous serions mal venu à argumenter longuement contre cette opinion, doublement respectable pour nous (1). M. Magnol pense qu'il ne peut pas y avoir renonciation au retour légal, mais il admet que tout se passera dans la pratique et en vertu même de

---

(1) Elle a été suggérée, paraît-il, à M. Magnol par M. Campistron, professeur à la Faculté de Droit de Toulouse.

sa doctrine, comme si cette renonciation était valable. Par une voie différente, il arrive à la même conclusion que nous. Nous ne pouvons que nous féliciter de cette concordance.

Pour terminer, résumons en deux mots notre théorie. Il ne peut pas y avoir renonciation à succession future quand il n'y a pas vocation héréditaire au moins éventuelle. Or, dans le cas qui nous occupe, il n'y a pas vocation héréditaire au profit des ascendants donateurs, parce que ceux-ci, en donnant, ont stipulé que cette vocation ne prendrait pas naissance ; et cette convention est parfaitement valable, car l'article 747, qui crée le retour légal, ne renferme pas une disposition impérative et d'ordre public, mais une disposition simplement interprétative de volonté.

De même, si une clause était insérée dans la donation afin de modifier, au sens rigoureux du mot, le retour légal, cette clause serait valable ; parce que, l'article 747 n'étant qu'interprétatif de volonté, la vocation héréditaire, qui résulterait de l'acte, aurait sa source dans la donation même et dans la volonté du donateur plutôt que dans la loi. L'ascendant devrait donc avoir les mêmes pouvoirs pour régler les conditions et les effets de cette vocation, que l'instituant contractuel pour fixer l'étendue du droit successoral conféré à l'institué.

Toulouse. - Imp. LAGARDE et SEBILLE, rue Romiguières, 2